AF382249

EL MARQUÉS DE LAFAYETTE

El héroe de los dos mundos

Por Amélie Roucloux
En colaboración con Pierre-Luc Plasman
Traducido por Marina Martín Serra

Historia 50MINUTOS.es

GILBERT DU MOTIER, MARQUÉS DE LAFAYETTE

- **¿Nacimiento?** El 6 de septiembre de 1757 en Chavaniac-Lafayette (Auvernia).
- **¿Muerte?** El 20 de mayo de 1834 en París.
- **¿Principales aportaciones?** Es uno de los principales protagonistas de la guerra de Independencia de los Estados Unidos (1775-1783), del inicio de la Revolución francesa (1789-1792), de la abdicación de Napoleón I (1815) y del ascenso al trono de Luis Felipe I (1830).

CONTEXTO

Nacido durante el reinado de Luis XV (1710-1774) y fallecido bajo el de Luis Felipe I, la vida del marqués de Lafayette cubre uno de los períodos más turbulentos de la historia de Francia, con la caída del Antiguo Régimen, la Revolución francesa, el Imperio, la Restauración y la Monarquía de Julio. Aunque varía según la época, la acción de Lafayette siempre es relevante, tanto simbólica como políticamente.

Su leyenda se escribe durante la guerra de Independencia estadounidense, en la que participa cuando tiene tan solo veinte años, en contra de la voluntad de su familia, y —al menos oficialmente— del rey. De 1777 a 1781, lucha contra los ingleses al lado de los estadounidenses, y se convierte en el héroe de los dos mundos: la reputación que adquiere se mantendrá hasta el final de sus días.

Seducido por los valores estadounidenses de libertad, de igualdad de derechos y de deberes, Lafayette siempre desea incorporarlos en

Francia. Desde el principio de la Revolución, se implica en el bando de los reformistas, es decir, de los partidarios de una monarquía constitucional. Desempeña un papel importante hasta 1792, cuando se ve obligado a huir de Francia.

A partir de 1799, se limita a un papel de oponente —resuelto pero distante— de Napoleón I. Su oposición se vuelve más activa durante la Restauración, época en la que vuelve a tener responsabilidades políticas, pero es durante la Revolución de 1830 que vuelve a estar en consonancia con su pasado glorioso: se le ofrece la presidencia de la República, pero la rechaza para contribuir de manera significativa a la entronización de Luis Felipe.

A pesar de que hoy en día aún goza de una gran popularidad en los Estados Unidos, ha sido víctima de numerosos ataques en Francia a raíz de ciertos actos que, aunque son cuestionables, no pueden poner en entredicho el increíble destino de este personaje.

Aunque su apellido se escribe en dos palabras, Lafayette pronto firma con una sola palabra, marcando así su negativa a distinguirse por un rango que debe solamente a su nacimiento, y no a su valor.

BIOGRAFÍA

| Retrato del marqués de Lafayette.

UNA INFANCIA DE ARISTÓCRATA

Gilbert du Motier, marqués de Lafayette, nace el 6 de septiembre de 1757 en el municipio de Saint-Georges-d'Aurac, actual Chavaniac-Lafayette, en Alto Loira (Auvernia) en una antigua familia aristocrática documentada desde el siglo XV, cuya más ilustre personalidad es tal vez la mujer de letras Marie-Madeleine Pioche de la Vergne, condesa de La Fayette (1634-1693), a quien debemos la obra *La Princesa de Clèves*.

Cuando Gilbert tiene dos años, su padre muere durante la guerra de los Siete Años (1756-1763). Entonces, su madre lo deja al cuidado de sus tías paternas. Pasa su infancia en Chavaniac, parece que feliz, antes de entrar a los once años en el Colegio du Plessis (el futuro Liceo Luis el Grande) en París. Tras la muerte de su madre y de su abuelo en 1770, hereda una gran fortuna que lo convierte en uno de los mejores partidos de Francia. Cuatro años más tarde, entra en la poderosa familia de los Noailles al casarse con Marie Adrienne (1759-1807), dos años menor que él.

Marie Adrienne de Noailles

Marie Adrienne de Noailles, muy enamorada de su esposo y con una gran piedad conyugal, aguanta con una remarcable abnegación los galanteos de su marido, al que dará cuatro hijos: Henriette (1776-1778), Anastasia (1777-1863), George Washington (1779-1849) y Virginia (1782-1849). Apoya a Lafayette en todas sus acciones, y atempera el idealismo de su marido mediante su sentido de la realidad y la pertinencia de sus reflexiones. Por amor, incluso irá con él a su prisión de Austria en 1795, donde permanece encerrada durante dos años, echando a perder su salud. Su muerte, el 24 de diciembre de 1807, afecta profundamente a Lafayette, que escribe a uno de sus amigos: «Me he despedido de ella y de mi felicidad en este mundo»[1] (citado en Castries 1981, 331). Desde entonces, cada año conmemora su muerte retirándose al dormitorio de su esposa, que se mantiene intacto.

---

1. Cita traducida por 50Minutos.es

LA GUERRA DE INDEPENDENCIA DE LOS ESTADOS UNIDOS

En 1774, Lafayette es nombrado comandante de una compañía en el Regimiento de Dragones de Noailles en Metz, pero en 1777 decide ir a luchar contra los ingleses al lado de los estadounidenses que se esfuerzan para lograr la independencia. Pronto se gana la confianza y el afecto de George Washington (1732-1799), entonces comandante en jefe del Ejército de los Estados Unidos, y desempeña un papel esencial en la entrada en guerra oficial de Francia en 1778. Aunque no recibe el mando del ejército francés, su compromiso desde el inicio del conflicto, su entusiasmo y su talento militar le aseguran una sólida reputación a ambos lados del Atlántico.

UN REVOLUCIONARIO MODERADO

Después de tres estancias en América, regresa definitivamente a Francia en diciembre de 1781 y se convierte en mariscal de campo en el Ejército francés. Partidario de una liberalización del régimen monárquico, combate sus aspectos arbitrarios y sus injusticias, y luego toma partido por los revolucionarios en 1789. Su reputación de aristócrata ilustrado y de ferviente defensor de las libertades hace que sea nombrado comandante de la Guardia Nacional, es decir, de la milicia de París, lo que le confiere un poder innegable y un papel de árbitro entre las diferentes facciones de revolucionarios. Miembro de la Asamblea Constituyente, participa activamente en la redacción de la Declaración de los Derechos del Hombre y del Ciudadano y en la elaboración de la Constitución. Cuando la coalición de las potencias europeas —que no quieren ver cómo se propagan los ideales de la Revolución francesa— amenaza con invadir Francia en 1792, Lafayette es nombrado general del Ejército del Norte.

EXILIADO Y CONTRARIO AL IMPERIO

En agosto de 1792, sus enemigos declarados —los jacobinos— obtienen su inculpación. Lafayette, que prefiere exiliarse antes que ser guillotinado, cae prisionero en manos de los prusianos, que lo entregan a los austríacos. No obtiene la libertad hasta 1797, bajo la petición de sus amigos estadounidenses —entre los que se encuentra

Washington, que entonces es presidente de los Estados Unidos— y del general Bonaparte. Con todo, este último no desea que Lafayette vuelva a Francia, ya que la reputación y las convicciones liberales de este último no se ajustan adecuadamente a sus proyectos. De hecho, cuando finalmente el marqués recibe la autorización para volver a Francia —con la condición de que se instale fuera de la capital— hace las veces de opositor, aunque más mediante la desaprobación que a través del enfrentamiento abierto. Lafayette se retira a su castillo de La Grange (en Sena y Marne) y, de 1800 a 1814, se dedica a la vida familiar y a la gestión de su propiedad, ya que siente una gran inclinación por la agricultura.

El Club de los Jacobinos, creado en 1789, es moderado en un principio. Este partido revolucionario que toma su nombre del antiguo convento de los jacobinos en el que se establece en París, se radicaliza cuando Robespierre (1758-1794) se sitúa a su cabeza en 1792. Ardientes defensores de una democracia y una igualdad absolutas, son los principales actores del Terror (1793-1794).

DETRACTOR DE LA RESTAURACIÓN

En mayo de 1815 es elegido diputado de Sena y Marne, y en ese momento se opone más abiertamente a Napoléon I e incluso pide su abdicación. Durante un tiempo se muestra a favor del regreso de los Borbones, que cree que tolerarán el establecimiento de una monarquía constitucional, pero rápidamente se desilusiona y regresa a su papel de oponente. Frente a las múltiples leyes y decretos que restringen considerablemente la expresión de la oposición, Lafayette se convierte en un miembro de la Carbonería, una organización secreta, y participa en varios complots o los apoya, aunque todos terminan fracasando. El Gobierno, por temor a las reacciones que podría despertar su detención, no lo mantiene en su punto de mira. Desilusionado, en 1824 se marcha a América, donde le espera una verdadera consagración: durante un año, todas las provincias lo reciben como a un héroe, antes de que vuelva a Francia en 1825.

LUIS FELIPE I, REY POR LA VOLUN-TAD DE LAFAYETTE

Durante las Jornadas Revolucionarias de julio de 1830, Lafayette vuelve a desempeñar el papel de cuarenta años atrás: es nombrado comandante de la Guardia Nacional y se instala en el Ayuntamiento de París. A continuación, se le propone proclamar la República y ser su primer presidente. Sin embargo, Lafayette rechaza la invitación, y se muestra a favor de la entronización del duque de Orleans, Luis Felipe, que le promete actuar como un monarca constitucional. Esta será la última decepción del marqués de Lafayette, que muere el 20 de mayo de 1834 en París. Es enterrado junto con su esposa en el cementerio de Picpus (cementerio privado en París).

CONTEXTO

El período histórico que vive el marqués de Lafayette está marcado por muchos trastornos políticos. De 1780 a 1830, el destino de Francia se ve cuestionado constantemente. Una sucesión de regímenes políticos, de crisis, de revoluciones, de guerras internas y externas hace y deshace muchas carreras públicas. El marqués de Lafayette sobrevive física y políticamente a todos estos acontecimientos y vive algunos de sus mayores momentos de gloria, pero también algunos de los más oscuros.

LA INDEPENDENCIA DE LOS ESTADOS UNIDOS

Gran Bretaña, aunque obtiene la victoria en la guerra de los Siete Años que la enfrenta a Francia y España, está arruinada. Para evitar que la situación económica empeore, hace repercutir el coste de la guerra en sus trece colonias estadounidenses, aumentando los impuestos. Las colonias, que consideran que estas leyes son injustas —sobre todo porque, al no estar representadas en el Parlamento británico, no pueden hacer oír su voz—, se rebelan y declaran su independencia el 4 de julio de 1776. De inmediato, surge una oposición entre los patriotas o insurgentes (en inglés, *insurgents*) y los lealistas, que se mantienen leales a la Corona británica, que interviene militarmente para poner fin a la agitación de sus colonias. Lafayette se involucra en el conflicto en el bando de los insurgentes, al que pronto se unen las tropas francesas después del tratado de alianza franco-estadounidense del 6 de febrero de 1778. Finalmente, después de varios años de batalla, los británicos admiten la derrota y, el 3 de septiembre de 1783, el Tratado de París pone fin a la guerra.

LA REVOLUCIÓN FRANCESA

Los fondos que Francia asigna para apoyar la guerra de Independencia de los Estados Unidos precipitan al país hacia la crisis financiera en la década de 1780. La mayor parte de la aristocracia y el clero está cerrada a cualquier reforma que afectaría a sus privilegios, y el rey, indeciso sobre qué medidas adoptar para mejorar la situación, sustituye a sus ministros, eficaces pero poco populares, por otros que resultan menos competentes e igualmente impopulares. Acorralado, decide convocar en 1787 la Asamblea de Notables, asamblea consultiva para encontrar soluciones y cuyos miembros —entre otros, Lafayette— son nombrados por el rey.

La Asamblea de Notables no llega a ninguna conclusión, por lo que el rey convoca los Estados Generales el 5 de mayo de 1789. Entre los miembros de los tres órdenes (nobleza, clero y tercer estado) elegidos por sus pares también está Lafayette, en representación de la nobleza de Auvernia. Esta convocatoria desencadena la Revolución. Durante el Juramento del Juego de Pelota, el 20 de junio de 1789, los diputados juran no separarse antes de establecer una constitución. Una semana más tarde, los Estados Generales se constituyen en Asamblea Nacional; el 14 de julio se produce la toma de la Bastilla; el 4 de agosto se abolen los privilegios, y el 6 de octubre el rey y su familia se establecen en París, bajo la presión popular.

Aunque el pueblo desea que se abola el absolutismo real, no es fundamentalmente hostil a la monarquía. El tercer estado reclama, sobre todo, una constitución que le conceda una mayor libertad individual y la igualdad de todos ante la ley. El llamamiento a un régimen parlamentario como tal no es unánime. Si el rey hubiese colaborado de buena fe a esta evolución, las cosas podrían haber transcurrido de otra forma y una monarquía a la inglesa podría haber sido posible.

Los revolucionarios, que primero están mayoritariamente a favor del establecimiento de una monarquía constitucional, poco a poco se ven superados por el sector más radical, que solo jura por la República, y deben lidiar con la indecisión y la debilidad del rey. La huida de la familia real a Varennes el 20 de junio de 1791 y la entrada en guerra el 20 de abril de 1792 contra Austria son hechos que agravan la situación de manera significativa: los revolucionarios moderados, es decir, esencialmente los partidarios de la monarquía constitucional —incluyendo a Lafayette—, son amenazados y acusados de traición por parte de los jacobinos, para quienes la única revolución viable es la abolición total y definitiva de la monarquía.

A partir del 10 de agosto de 1792, la Revolución gira hacia el Terror, que no termina hasta que se produce la ejecución de Robespierre el 28 de julio de 1794. Entonces, Lafayette ya no está en Francia puesto que, desde el 25 de agosto de 1792, es prisionero primero de los prusianos y luego de los austriacos. Así pues, no asiste a la Convención Termidoriana (julio de 1794-octubre de 1795), que calma la situación, ni al Directorio (octubre de 1795-noviembre de 1799), periodo durante el cual el papel de Napoleón Bonaparte adopta una dimensión más importante, sobre todo después de la Campaña de Italia (1796-1797) llevada a cabo contra el Imperio austríaco.

LA ERA NAPOLEÓNICA

El golpe de Estado del 18 de brumario del año VIII (9 de noviembre de 1799) marca el comienzo del Consulado, del que Bonaparte es el primer cónsul, un título que se le otorga de por vida en 1802.

Se dedica a restablecer el orden y a calmar las pasiones mediante la adopción de una política de reconciliación con respecto a los moderados de las distintas facciones. Así, intenta llevar a cabo una síntesis de los logros de la Revolución y de los aspectos más consensuales del Antiguo Régimen. Estas disposiciones, sin embargo, vienen acompañadas de medidas autoritarias y de una restricción de las libertades. Pero los franceses, cansados de una década de agitación, apoyan de manera abrumadora a Napoleón.

El 18 de mayo de 1804, Napoleón es proclamado emperador, tras lo cual suceden diez años de conquistas y luego de derrotas que convierten Europa en un amplio campo de batalla. La oposición es débil, y la popularidad de Napoleón se mantiene intacta durante mucho tiempo, aunque la serie de fracasos de los años 1813-1814 afecta seriamente al entusiasmo de los franceses. Las guerras incesantes, además de las decenas de miles de muertos, perjudican a la economía del país, de tal forma que, cuando Luis XVIII (1755-1824) accede al trono, tras la abdicación del emperador el 6 de abril de 1814, el pueblo lo recibe de forma más bien favorable.

LA RESTAURACIÓN

Muy rápidamente, la política retrógrada de Luis XVIII decepciona a los franceses, hasta el punto

---

1. Cita traducida por 50Minutos.es

de que un año más tarde celebran el retorno de Napoleón de la isla de Elba. Este último intenta volver a tomar las riendas de la situación, pero la derrota de Waterloo acaba definitivamente con la epopeya napoleónica el 22 de junio de 1815. Entonces, la Restauración se instala de forma duradera. Los ultras, más monárquicos que el rey, son mayoritarios en las primeras elecciones legislativas del reinado de Luis XVIII. Este último, sin embargo, intenta llevar a cabo una liberalización del poder, que en 1820 se verá obstaculizada con el asesinato del duque de Berry, Carlos Fernando de Artois (1778-1820), heredero putativo del trono. Puesto que la oposición está prácticamente excluida del juego político, suele actuar dentro del marco de la ilegalidad. Varios complots, entre los que destacan los que orquesta la Carbonería —en los que participa Lafayette—, intentan derrocar al régimen, pero todos se ven frustrados. La herencia de la Revolución también es cuestionada por Carlos X (1757-1836), que en 1824 sucede a Luis XVIII. La situación cada vez se vuelve más tensa hasta 1830.

LA REVOLUCIÓN DE JULIO

Mientras que el reinado de Carlos X adopta una tendencia cada vez más retrógrada, los diputados muestran su descontento. Entonces, el rey hace aprobar a la fuerza medidas autoritarias que, en especial, afectan a la ley electoral y a la libertad de prensa, lo que provoca una insurrección popular el 27 de julio de 1830, que se alarga el 28 y el 29 de julio, pero los diputados liberales moderados —entre los cuales se encuentra Lafayette— la contienen y la supervisan, para evitar que se repitan las derivas de la Revolución francesa. Estas jornadas revolucionarias pasarán a la posteridad como las Tres Gloriosas.

Surgen dudas sobre si debe instaurarse una república o una monarquía constitucional, cuyo trono sería confiado al duque de Orleans, Luis Felipe. La solución que se prioriza es la segunda, ya que muchos consideran que Francia no está preparada para organizarse como una república, puesto que el fantasma del nacimiento de la Primera República todavía está demasiado presente. De hecho, la fundación de la Monarquía de Julio es el intento de volver a darle una oportunidad a la primera revolución (1789-1792), considerada como positiva, y que el Terror ha frustrado. Esta no mantiene sus promesas y rápidamente se ve confrontada a una viva oposición, a veces violenta.

MOMENTOS CLAVE

Podemos distinguir tres grandes momentos en la vida del marqués de Lafayette: su participación en la guerra de Independencia de los Estados Unidos (1777-1781), su papel durante la Revolución francesa (1789-1792) y durante la Revolución de Julio (1830).

AL SERVICIO DE AMÉRICA

Primera salida hacia América

El deseo ardiente de ayudar a los insurgentes estadounidenses nace en el marqués de Lafayette mientras está de guarnición en Metz bajo las órdenes del conde de Broglie (1719-1781). Este último está a favor de una intervención francesa, e incluso durante un tiempo se plantea proponer a los estadounidenses tomar las riendas del levantamiento. Así, anima a Lafayette a participar en la acción y facilita en gran medida sus preparativos, mientras que los enviados estadounidenses, entre ellos Benjamin Franklin (1706-1790), responsables de persuadir a los franceses para ayudarlos, prometen al marqués y a los que quieran acompañarlo altos rangos en el Ejército de los Estados Unidos. Sin embargo, tanto la familia de su esposa como el Gobierno francés se oponen a esta medida, tanto es así que Lafayette debe comprar su barco, al que bautiza como La Victoire («La Victoria»), armarlo y reclutar a la tripulación en secreto. Zarpa el 11 de abril de 1777, mientras está bajo el efecto de una *lettre de cachet*.

La *LETTRE DE CACHET*

Bajo el Antiguo Régimen, una *lettre de cachet*, es decir, una carta cerrada con el sello real, autoriza a su destinatario a proceder sin juicio al internamiento o al exilio de un individuo en particular —en este caso, Lafayette—.

Oficial del Ejército de los Estados Unidos

Lafayette llega el 13 de junio a las costas de los Estados Unidos, donde conoce a George Washington, entonces comandante en jefe del Ejército de los Estados Unidos. Entre ellos nace una estima y un afecto profundo que reforzará su adhesión común a la francmasonería, y rápidamente Washington le confía misiones gratificantes. No obstante, Lafayette resulta herido durante su bautismo de fuego en la batalla de Brandywine en Pensilvania (11 de septiembre de 1777), en la que los estadounidenses caen derrotados. Después de haber llevado el mando de una expedición contra el Canadá inglés, a la que el Congreso de los Estados Unidos finalmente renuncia, durante el invierno de 1777-1778 recibe la misión de negociar una alianza con los hurones y los iroqueses, tarea que lleva a cabo con éxito.

| Primer encuentro entre George Washington y Lafayette, en 1777 en Filadelfia.

Entre tanto, convence a Francia para que intervenga, y el 6 de febrero de 1778 se firma oficialmente el tratado de alianza franco-estadounidense, que tiene como consecuencia el envío de una escuadra a América, además de ayudas financieras y del transporte de armas y municiones. Con todo, como oficial del Ejército de los Estados Unidos, Lafayette no combatirá nunca con los franceses, sino que siempre lo hará en el seno del Ejército de los Estados Unidos y bajo las órdenes de Washington. Lleva a cabo numerosas misiones, que no tienen una importancia decisiva, pero cuyo éxito refuerza la situación estadounidense. Gana la batalla de Barren Hill, cerca de Filadelfia, el 20 de mayo de 1778, y participa en la de Monmouth, en Nueva Jersey, el 28 de junio de 1778. Con todo, la escuadra francesa tiene una eficacia limitada, ya que la guerra es larga, y Lafayette vuelve temporalmente a Francia en enero de 1779.

La segunda partida y la victoria

En Francia, los ministros y el rey en persona reciben a Lafayette, a pesar de su desobediencia, y este último participa activamente en la preparación de la operación de envergadura de apoyo a los Estados Unidos que próximamente llevará a cabo Francia. Lafayette solicita que se le confíe el mando del cuerpo expedicionario enviado en verano de 1780, pero finalmente se le confía al conde de Rochambeau (1725-1807), hombre experimentado y con talento que destacará durante la guerra. Lafayette, que se embarca en el Hermione el 20 de marzo de 1780, vuelve a los Estados Unidos, donde pronto pasa a encabezar una unidad de élite, los Riflemen. Cansado por la dureza de la guerra, el Ejército estadounidense debe enfrentarse a las traiciones, a los motines y a los reveses que lo debilitan durante el invierno de 1780-1781. Con todo, el 19 de octubre de 1781 se produce la victoria decisiva de Yorktown, en Virginia, propiciada por la campaña de Virginia que lleva a cabo Lafayette, destinada a hostigar a los ingleses de lord Cornwallis (1738-1805), por la coordinación de las tropas terrestres y de la escuadra francesa, y por los errores del Estado Mayor británico. Finalmente, Lafayette vuelve a Francia en enero de 1782.

En 2012, se acaba de construir una réplica exacta del Hermione, la fragata a bordo de la cual Lafayette efectúa su segunda travesía hacia los Estados Unidos en 1780. Mide 65 metros de largo y 11 de ancho, y sus mástiles —el más grande tiene una altura de 54 metros— aguantan 2200 m^2 de velas. En 2015, la fragata zarpa de La Rochelle y realiza el viaje histórico de Lafayette, llegando a Yorktown a principios de junio y posteriormente recorriendo las costas americanas remontando hacia el norte hasta San Pedro y Miquelón, pasando por Baltimore, Filadelfia, Nueva York y Boston. Acaba su periplo en Brest, en agosto de 2015.

| Réplica de la fragata Hermione.

Un papel simbólico

Durante la guerra de Independencia de los Estados Unidos, Lafayette nunca es comandante en jefe, ni del Ejército de los Estados Unidos ni del Ejército francés, un cargo que siempre se le confía a generales más experimentados. Cumple las misiones que le encarga Washington o el Congreso estadounidense y lo hace de forma brillante, demostrando iniciativas y un verdadero talento militar, que todos remarcan y que le conducen a estar al mando de tropas cada vez más numerosas y en circunstancias cada vez más decisivas. Así, rápidamente lleva a cabo acciones de guerrilla ante un Ejército inglés más importante que el suyo o rompe los cercos de las tropas enemigas. Su principal táctica se resume en una gran movilidad y en una rapidez de movimientos entonces poco comunes para las guerras de la época.

El héroe de los dos mundos

Lo que contribuye a la gloria de Lafayette es, esencialmente, su implicación precoz, indefectible y ostensible al lado de los estadounidenses. Se desvive para que Francia intervenga en el conflicto, no se cansa de solicitar misiones y responsabilidades, y en muchas ocasiones presenta planes de campaña —como la invasión del Canadá inglés— más o menos realistas, pero que demuestran su implicación en esta guerra. Cuando vuelve a Francia en 1781, ya cuenta con la reputación de héroe de los dos mundos, el sobrenombre que se le da por aquel entonces. Para Francia, se convierte en la persona que contribuye a su esplendor y que salva su honor participando en la derrota inglesa. Para los Estados Unidos, encarna la Francia liberadora.

Pero no hay duda de que el eco de su compromiso ha estado, y sigue estando, más vivo en los Estados Unidos que en Francia. Lo demuestran la estancia que realiza en los Estados Unidos en 1784 y, sobre todo, la de 1824-1825 cuando, 45 años después de los hechos, durante un año pasa por una auténtica apoteosis: lo recibe el presidente James Monroe (1758-1831), su visita se celebra en cada ciudad por la que pasa, va de banquete en banquete, de celebración en celebración, y se le ofrecen 200 000 dólares —casi 4 millones de euros— y 10 000 hectáreas de tierra. El duque de Broglie (1785-1870) escribe en sus memorias: «Extranjero o conciudadano, nunca antes ningún hombre, en ningún momento, en ningún país, tuvo un recibimiento semejante de todo un pueblo»[1] (De Broglie 1886, 418). Un siglo más tarde, en 1917, los estadounidenses que acuden a ayudar a Francia pronunciarán sobre la tumba de Lafayette la famosa frase: «Lafayette, aquí estamos» (Porrúa 1973, 417). Hoy en día, al menos 44 ciudades, 17 condados, y también lagos y montañas llevan su nombre en los Estados Unidos.

LA REVOLUCIÓN FRANCESA

Diputado de la nobleza en los Estados Generales de 1789

No sin dificultad, Lafayette es elegido por sus pares de Auvernia para participar en los Estados Generales convocados por Luis XVI para el 5 de mayo de 1789. De hecho, se muestra hostil al absolutismo durante la década de 1780 y, cuando era miembro de los notables, propone una serie de reformas que una gran mayoría de nobles consideran escandalosas. Entre estas, encontra-

---

1. Cita traducida por 50Minutos.es

mos una mejor distribución de los impuestos, en particular, mediante la participación del clero y la nobleza en el esfuerzo, así como la destrucción de las aduanas interiores, un mejor control de los impuestos y de los gastos, y la limitación de la soberanía real mediante la separación de los poderes legislativo y ejecutivo.

La reputación de Lafayette le otorga una fuerte influencia, especialmente ante el tercer estado, sensible a sus convicciones liberales y ante el que Lafayette, a menudo, se muestra favorable, para gran disgusto de sus compañeros. Se opone también al voto por orden, es decir, a la obligación de que todos voten igual que los miembros de su orden. Incluso piensa en renunciar a su cargo para presentarse a la reelección como diputado del tercer estado, cuando Luis XVI ordena la reunión de los tres órdenes. El 20 de junio, puede unirse realmente al tercer estado que, durante el juramento del Juego de Pelota, se ha constituido en Asamblea Constituyente.

Un actor importante de la Revolución

La presentación en la Asamblea el 11 de julio de una Declaración Europea de los Derechos del

Hombre y del Ciudadano sitúa a Lafayette en el primer plano. El 15 de julio, se encarga de recibir al rey en la Asamblea, y felicita a los parisinos por la toma de la Bastilla. Entonces, la multitud parisina lo proclama comandante de la Guardia Nacional, una milicia burguesa responsable de hacer que se respete el orden. Por consiguiente, el destino de la Revolución estará en sus manos. Pero, rápidamente, aprende en su propio perjuicio lo difícil que es contener los movimientos de la multitud, cuando no puede evitar los ahorcamientos salvajes o la marcha sobre Versalles el 5 de octubre de 1789. En varias ocasiones, está a punto de renunciar a su puesto, pero retira su renuncia ante los ruegos de los parisinos. En este momento es muy popular, y su gloria culmina el día de la fiesta de la Federación, que organiza el 14 de julio de 1790 para conmemorar la toma de la Bastilla y durante la que desfila triunfante sobre su caballo blanco.

| El juramento de Lafayette en la fiesta de la Federación, el 14 de julio de 1790.

¿Sabías que...?

Lafayette se encuentra en el origen de la escarapela tricolor, creada por asociación del blanco, el color de la monarquía, con los colores de la ciudad de París, el azul y el rojo. Estos colores se convertirán en los de la bandera francesa en 1794.

El árbitro de la Revolución

La posición de Lafayette sigue siendo muy difícil hasta que huye en territorio enemigo en agosto de 1792. Además de sus convicciones personales y de su aversión hacia todas las formas de violencia, a menudo se enfrenta a un dilema corneliano: no intervenir durante los altercados y arriesgarse a ver cómo degenera la situación, o mantener el orden y exponerse a tener que recurrir a la fuerza armada. En el primer caso, esto significa provocar la hostilidad de los monárquicos absolutistas y, en el segundo, el odio de los jacobinos. Esto es precisamente lo que ocurre el 17 de julio de 1791, durante un disturbio en el Campo de Marte que Lafayette —que por poco es asesinado— reprime con violencia. La propaganda jacobina engorda la cifra del número de víctimas, que en realidad es de una docena, por lo que este episodio empaña la gloria del marqués.

Este último también debe enfrentarse a personalidades políticamente cercanas a la suya, pero con las que no consigue entenderse, como el conde de Mirabeau (1749-1791), y con el clan del duque de Orleans, el futuro Felipe Igualdad (1747-1793), que conspira contra Luis XVI, puesto que Lafayette no dejará de defender tanto el cuerpo político como el cuerpo físico del rey, aunque este último nunca le depositará su confianza, más por irresolución que por aversión. En cambio, la reina no esconde su animadversión con respecto a Lafayette. A pesar de todas estas adversidades, el comandante de la Guardia Nacional conserva el apoyo de la Asamblea Constituyente durante tres años, hasta que las divisiones internas, la debilidad de los moderados y la agresividad de los jacobinos consiguen que sus partidarios estén en minoría. Entonces, el 14 de agosto de 1792, Danton (1759-1794) pide su arresto, y luego su citación ante el Tribunal Revolucionario, creado el 17 de agosto. Lafayette, que entonces es comandante en jefe del Ejército del Norte, comprende que su comparecencia ante el tribunal lo llevaría a la tumba, y pasa a territorio enemigo, donde es detenido.

Un hombre con cualidades insuficientes

La mayoría de los contemporáneos están de acuerdo en el hecho de que Lafayette no tenía la personalidad de un estadista. Se le reprocha su falta de firmeza y su ingenuidad, sobre todo en lo que concierne a los distintos juramentos y promesas que da por sentado, y algunos dicen que, si sus capacidades intelectuales y morales hubiesen estado a la altura del papel que el destino le había confiado, habría podido evitar que degenerase la Revolución. Uno de sus allegados escribe sobre él:

«Me dio la impresión de que era un hombre carcomido por el deseo de colocar su nombre a la cabeza de la Revolución de este país [Francia], como Washington puso el suyo a la cabeza de la de América, pero que no quería emplear sino medios honestos, con una gran presencia de ánimo, con una cabeza muy fría, con actividad, aunque hace una elección bastante mediocre en su papel, con mucha destreza a la hora de aprovechar las circunstancias, aunque le falta el ingenio que las crea, a lo sumo, un hombre honesto y con mérito, aunque no sea un gran hombre»[2] (citado en Castries 1981, 184).

LA REVOLUCIÓN DE JULIO

«El beso republicano de Lafayette hizo un rey» (Chateaubriand 1871, 459).

Desde el primer día del levantamiento, el 27 de julio de 1830, Lafayette propone la constitución de un Gobierno provisional, y el día siguiente acepta el mando de la Guardia Nacional, recreada para la ocasión. Instalado en el Ayuntamiento, a la edad de 73 años se convierte en el jefe de un Gobierno paralelo al de Carlos X. El 30 de julio, se le propone establecer una república y convertirse en su presidente, pero rechaza la propuesta y decide colocar en el trono a Luis Felipe, duque de Orleans, que le ha asegurado que tiene intenciones liberales. Mientras Luis Felipe llega al Ayuntamiento abucheado, Lafayette toma una bandera tricolor, que pasa por encima de los hombros del futuro rey mientras lo besa, y luego grita ante la multitud: «Aquí os presento la mejor de las repúblicas» (Garrido 1866, 397).

---

2. Cita traducida por 50Minutos.es

Entonces, el público aclama a Luis Felipe.

«Noblemente desinteresado aunque muy preocupado por sí mismo, y casi tan preocupado por la responsabilidad como amante de la popularidad, [Lafayette] se complacía en tratar por el pueblo y para el pueblo, más de lo que deseaba gobernar. Que la república, y la república encabezada por él, era vista como una oportunidad posible, si la quería; que la monarquía solo se estableció con su autorización y a condición de parecerse a la república; eso bastaba para que se sintiera satisfecho»[3] (Guizot 1859, 12).

Sin embargo, Luis Felipe, molesto por la actitud de Lafayette, se apresura a limitar el poder de este reduciéndolo a comandar la guardia de París. Lafayette dimite y hasta su muerte en 1834 vuelve a desempeñar su papel de opositor, diciendo que Luis Felipe ha traicionado su confianza y sus ideales.

---

3. Cita traducida por 50Minutos.es

REPERCUSIONES

UN PRECURSOR DEL MUNDO MODERNO

Si hay un aspecto de la personalidad de Lafayette que sorprende a sus contemporáneos, es la excepcional permanencia de sus ideas y la constancia de sus convicciones, que toman forma en América. Enamorado desde muy temprano de la libertad y la justicia, tanto para sí mismo como —sobre todo— para los demás, no dejará de luchar contra la tiranía bajo todas sus formas. Apoya la abolición de la esclavitud y se opone ferozmente a la pena de muerte, además de posicionarse a favor de todos los oprimidos: está en el origen del Edicto de Tolerancia del 29 de noviembre de 1787, mediante el cual Luis XVI reconoce a los protestantes y les otorga un estado civil. Por lo tanto, aparece como el paradigma del aristócrata ilustrado.

UNA PERSONALIDAD POLÉMICA

Sin embargo, desde su época, y más aún hoy en día, Lafayette sufre de una postura moderada demasiado a menudo. La historia rara vez hace justicia a las figuras mesuradas y tiene más tendencia a retener a las personalidades fuertes. Los nombres de Mirabeau, Marat, Danton o Robespierre se asocian más rápidamente con la Revolución francesa que el de Lafayette, mientras que este último, objetivamente, era más poderoso que los primeros. También hay que tener en cuenta que Lafayette estaba a favor de una monarquía constitucional tanto en 1789 como en 1830; sin embargo, este sistema político fracasa y desde el momento en el que la República acaba triunfando en Francia se privilegia a sus héroes y a sus mitos. Por esto, la propaganda republicana exagera la represión de los disturbios del Campo de Marte que lleva a cabo Lafayette que, no obstante, es muy limitada. Asimismo, cuando en 2007 se habla de transferir sus cenizas al Panteón, nace una polémica y se acaba abandonando el proyecto, ya que sus detractores argumentan justamente que era un monárquico y que habría traicionado a su país en agosto de 1792.

Lafayette no tenía alma de líder, y deja escapar las oportunidades que, al menos dos veces, lo habrían situado definitivamente entre los grandes hombres de la historia de Francia al colocarlo a la cabeza del Estado. Independiente de cualquier partido y de cualquier facción, sin contar la francmasonería, tampoco tiene discípulos, menos aún cuando se erige fundamentalmente como figura solitaria de la oposición. Con todo, lo cierto es que sus valores han acabado triunfando en los dos últimos siglos.

LAFAYETTE, UNA CELEBRIDAD INDISCUTIBLE DE AMÉRICA

En realidad, Lafayette es menos conocido por su trabajo en Francia que por su implicación en América. Hoy en día, en el imaginario colectivo su nombre se asocia a la guerra de Independencia de los Estados Unidos, y la mayor parte de su fama se la debe a ese período de su vida. De nuevo, esto en parte está relacionado con la importancia que los Estados Unidos adquieren en la historia del mundo, y por lo tanto con el interés que despierta su pasado.

Sin embargo, no podemos menospreciar el papel de Lafayette, al que los estadounidenses consideran uno de los mayores héroes de su historia. Porque, paradójicamente, en los Estados Unidos es donde se celebra más su memoria. En 1941, los estadounidenses capturan un transatlántico francés —entonces propiedad del régimen de Vichy— y lo rebautizan como USS Lafayette. El 8 de agosto de 2002, a petición del Congreso, George W. Bush (nacido en 1946) eleva a Lafayette a la categoría de ciudadano de honor de los Estados Unidos de América, un título que hasta ahora solo han recibido ocho personas.

Cada 4 de julio —el aniversario de la independencia de los Estados Unidos— desde la muerte de Lafayette en 1834, el embajador de los Estados Unidos en Francia honra la memoria del marqués de Lafayette en el cementerio de Picpus. Para la ocasión, la bandera de los Estados Unidos, presente de forma permanente sobre la tumba del héroe de los dos mundos, se cambia por una nueva bandera, que previamente ha ondeado sobre el Capitolio en Washington.

| Homenaje a Lafayette por la Marina de los Estados Unidos en el cementerio de Picpus.

Muchas asociaciones siguen perpetuando la memoria de Lafayette. Fundada en 1932, la asociación estadounidense The American Friends of Lafayette («Los Amigos Estadounidenses de Lafayette») organiza conferencias y visitas a emplazamientos de los Estados Unidos que están relacionados con el marqués, y apoya la investigación. Está presente en el cementerio de Picpus cada año el 4 de julio. En Francia, Lafayette vuelve a ser de actualidad a partir de la década de 2000, un período durante el cual se han creado nuevas asociaciones como el Cercle des amis de Lafayette («Círculo de Amigos de Lafayette») y la Association franco-américaine de l'Ordre Lafayette («Asociación Franco-estadounidense de la Orden de Lafayette»), destinada a mantener los vínculos entre los Estados Unidos y Francia.

De hecho, sigue siendo indiscutible que Gilbert du Motier, marqués de Lafayette, se encuentra en el origen —más allá de las divergencias leves y ocasionales— de la amistad casi inquebrantable entre Francia y los Estados Unidos. Esto puede ser lo más grande que le haya ofrecido a la posteridad.

EN RESUMEN

1757
6 sept.: nacimiento de Lafayette

1775-1783
Guerra de Independencia de los
Estados Unidos

1777
**Lafayette se implica en la guerra
de Independencia**

1778
Tratado de alianza franco-
estadounidense

1789
**Revolución francesa
Convocatoria de Lafayette a los
Estados Generales**

1792
Lafayette es nombrado general del
Ejército del Norte

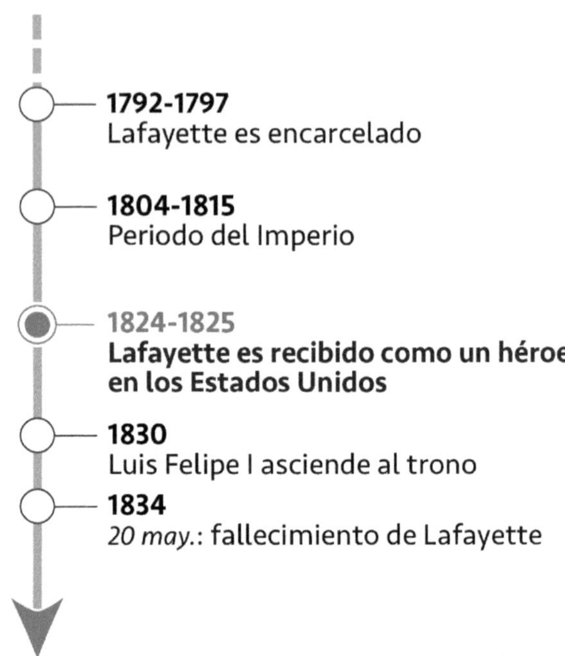

- El marqués de Lafayette participa en la guerra de Independencia de los Estados Unidos, de 1777 a 1781, en la Revolución francesa, de 1789 a 1792, y en la Revolución de Julio de 1830.
- A pesar de que se ilustra en la guerra estadounidense, lo que originará su fama y su apodo —el héroe de los dos mundos— es principalmente el papel simbólico que desempeña.
- Comandante de la Guardia Nacional y partida-

rio de la monarquía constitucional durante la Revolución, Lafayette aparece como el modelo del reformismo sin violencia.

- Es oponente infatigable de Napoléon I, de Luis XVIII, de Carlos X y luego de Luis Felipe, después de haberlos recibido favorablemente a todos en el momento de su investidura.
- En 1830, rechaza la presidencia de la república para colocar a Luis Felipe en el trono de Francia.
- Lafayette es un hombre profundamente comprometido con la libertad bajo todas sus formas, y con el orden jurídico. En cualquier circunstancia, tiene el valor de sus convicciones, que no varían a lo largo de su vida.
- Es el defensor de los oprimidos, sean lo que sean: protestantes, esclavos o incluso minorías perseguidas en sus países. Lucha por la abolición de la esclavitud y en contra de la pena de muerte.
- Lafayette cuenta con una gran integridad y con un idealismo que a menudo hacen que no sea consciente de la complejidad de la realidad, por lo que se le tilda de ingenuo, incluso de insensato. También posee una gran vanidad y busca la gloria sin medida.
- Tanto para los estadounidenses como para los

franceses, lo que forja la popularidad del marqués es, sobre todo, su compromiso durante la guerra de Independencia. Todavía sigue siendo la figura emblemática de la amistad franco-estadounidense.

¡Tu opinión nos interesa!
¡Deja un comentario en la página web de tu librería en línea,
y comparte tus favoritos en las redes sociales!

PARA IR MÁS ALLÁ

FUENTES BIBLIOGRÁFICAS

- Bernier, Olivier. 1988. *La Fayette. Héros des deux mondes*. París: Payot.

- Chateaubriand, François-René. 1871. *Obras de Chateaubriand*. Madrid: Gaspar y Roig.

- de Broglie, Victor. 1888. *Souvenirs,* vol. 2. París: Calmann-Lévy.

- Decaux, Alain. 2003. "Tragique malentendu aux états généraux". *Historia. 1789-1793, la Révolution, chronique d'une fin de règne,* n.º 81, 42-45.

- de Castries, René. 1981. *La Fayette*. París: Tallandier.

- Garrido, Fernando. 1866. *Historia de las persecuciones políticas y religiosas*. Barcelona: Salvador Manero.

- Guizot, François. 1859. *Mémoires pour servir à l'histoire de mon temps,* tomo 2. París: Lévy Frères.

- Maurois, André. 1960. *Adrienne ou la vie de Mme de La Fayette*. París: Hachette.

- Porrúa, M, ed. 1973. *Cuando Villa entró en Columbus*. Austin: Universidad de Texas.

- Saint-Bris, Gonzague. 2006. *La Fayette.* París:

Télémaque.

- Taillemite, Étienne. 1989. *La Fayette*. París: Fayard.

- Vincent, Bernard. 2014. *Lafayette*. París: Gallimard/
Folio biographies.

FUENTES ICONOGRÁFICAS

- Retrato del marqués de Lafayette. La imagen
reproducida está libre de derechos.

- Primer encuentro entre George Washington y
Lafayette, en 1777 en Filadelfia. La imagen reproducida está libre de derechos.

- Réplica de la fragata Hermione. La imagen
reproducida está libre de derechos.

- El juramento de Lafayette en la fiesta de la
Federación, el 14 de julio de 1790. La imagen
reproducida está libre de derechos.

- Homenaje a Lafayette por la Marina de los Estados
Unidos en el cementerio de Picpus. La imagen
reproducida está libre de derechos.

PELÍCULAS Y DOCUMENTALES

- *La Fayette*. Dirigida por Jean Dréville, con Michel Le
Royer, Howard St. John y Pascale Audret. Francia:
Cosmos y Films Copernic, 1961.

- *Historia de una revolución*. Dirigida por Robert

Enrico y Richard T. Heffron, con Sam Neill, François Cluzet y Jane Seymour. Francia, Italia, Alemania, Canadá y Reino Unido: Les Films Ariane, Films A2, Laura Film, Antea Cinematografica, Alcor Films y Alliance Communications Corporation, 1989.

- *Lafayette: The Lost Hero.* Dirigido por Oren Jacoby. Estados Unidos: PBS, 2010.

- *Secrets d'histoire.* "La Fayette, il était une fois l'Amérique". Temporada 5, episodio 12. Dirigido por David Jankowski. Presentado por Stéphane Bern. France 2, 6 de noviembre de 2012.

EDIFICIOS CONMEMORATIVOS

- Castillo natal de Lafayette, en Chavaniac-Lafayette, Francia.

- Estatua de Lafayette por Ernest-Eugène Hiolle (1883), en la plaza Lafayette de Le Puy en Velay, Francia.

- Estatua de Lafayette y de Washington por Auguste Bartholdi (1895), en la plaza de los Estados Unidos de París, Francia.

- Estatua ecuestre por Paul Wayland Bartlett (1908), en la Cours-la-Reine de París, Francia.

- Estatua ecuestre por Claude Goutin (2004), en el jardín Boufflers de Metz, Francia.

- Estatua de Lafayette por Auguste Bartholdi (1876),

en el Union Square Park de Nueva York, Estados
Unidos.

- Estatua de Lafayette por Falguière y Mercier (1891),
  en la Lafayette Square (ante la Casa Blanca) en
  Washington, Estados Unidos.

- Estatua ecuestre por Andrew O'Connor (1924),
  en la plaza Mount Vernon de Baltimore, Estados
  Unidos.